MISFORTUNES OF THE IMMORTALS

Paul Éluard
&
Max Ernst

Translated into modern English
by
R J Dent

INCUNABULA

Misfortunes of
The Immortals

INCUNABULA

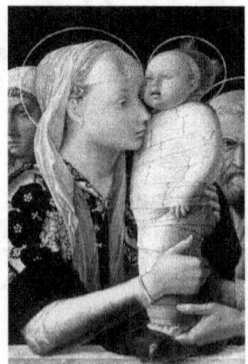

www.incunabulamedia.com

ISBN 978-1-4452-4683-3

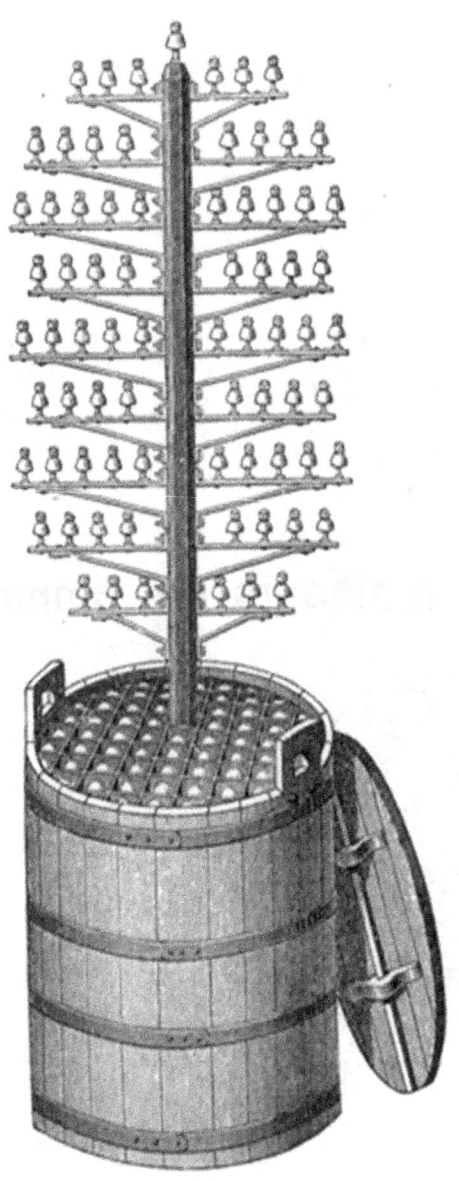

TRANSLATOR'S PREFACE

In 1922 the French surrealist poet, Paul Éluard and the German painter and graphic artist, Max Ernst collaborated on *Misfortunes of the Immortals*, a prose and poetry collection by Éluard, illustrated with twenty-one line block collages by Ernst. It was one of Ernst's first illustrated books and the collaboration marked the beginning of Ernst's close and lifelong friendship with Éluard.

For *Misfortunes of the Immortals*, Ernst employed an innovative collage technique to complement Eluard's surreal poetry and prose. Cutting up a series of wood engravings that he had found in various books and magazines, Ernst pieced the fragments together to create bizarre new compositions. The newly juxtaposed wood-engraved lines created images that had a disturbing seamlessness; the visual disjunctions of Ernst's collages paired perfectly with Éluard's semantically dislocated poems.

Retaining those original images in this brand new translation, and now being published over one hundred years after it was first published, *Misfortunes of the Immortals* is now available to readers in modern English.

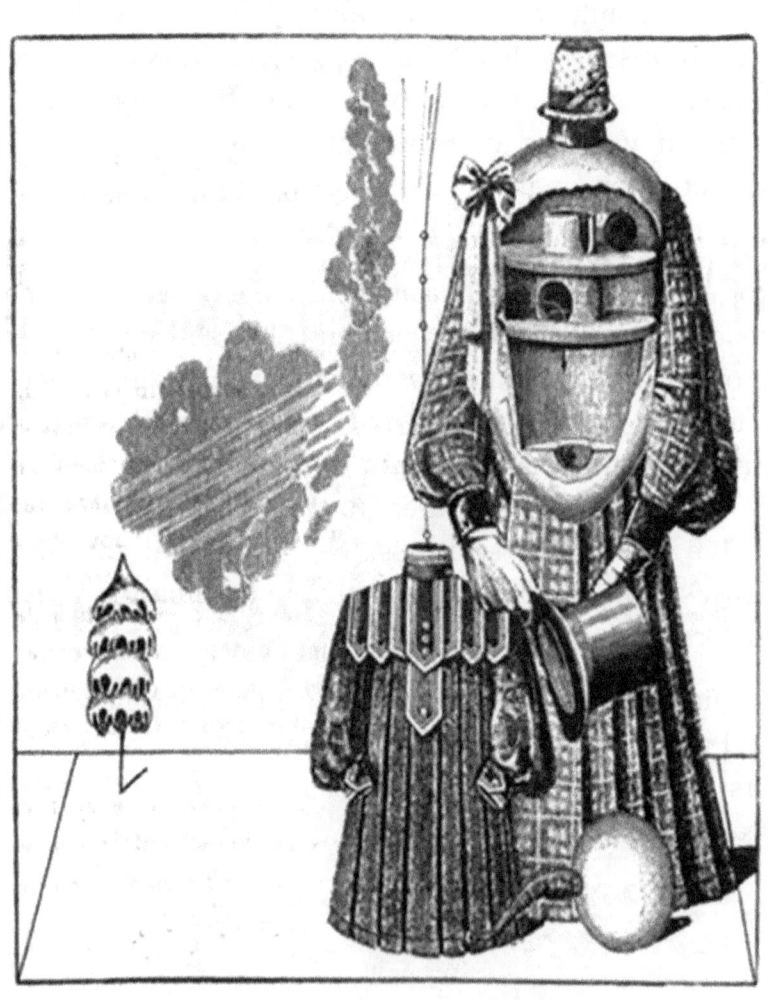

THE SCISSORS AND THEIR FATHER

The little one is sick, the little one is dying. He who gave us sight, he who trapped the darkness in the fir tree forests, he who dried the streets after the storm. He who had a full stomach, he who carried the warmest climate in his bones, and he who made love to church steeples.

The little one is sick, the little one is dying. He now holds the world by one end and the bird that the night brings him by the feathers. We will put him in a large robe, a robe with medium-sized stitching, a gilded background, and embroidered with coloured gold, a chin strap with tassels of benevolence and confetti in his hair. According to the clouds, he has only two hours left to live. At the window, an air pressure gauge registers his agony and any abnormalities in his trembling. In their hiding places among soft lace, pyramids make a show of great reverence and dogs hide in a rebus — their majesties do not like to be seen crying. And the lightning rod? Where is my lord's lightning rod?

He was good. He was gentle. He never whipped the wind nor crushed the mud unnecessarily. He never locked himself in path of a flood. He's dying. So it's nothing at all to be small?

LES CISEAUX ET LEUR PERE

Le petit est malade, le petit va mourir. Lui qui nous a donné la vue, qui a enfermé les obscurités dans les forêts de sapins, qui séchait les rues après l'orage. Il avait, il avait un estomac complaisant, il portait le plus doux climat dans ses os et faisait l'amour avec les clochers.

Le petit est malade, le petit va mourir. Il tient maintenant le monde par un bout et l'oiseau par les plumes que la nuit lui rapporte. On lui mettra une grande robe, une robe sur moyen panier, fond d'or, brodée avec l'or de couleur, une mentonnière avec des glands de bienveillance et des confettis dans les cheveux. Les nuages annoncent qu'il n'en a plus que pour deux heures. A la fenêtre, une aiguille à l'air enregistre les tremblements et les écarts de son agonie. Dans leurs cachettes de dentelle sucrée, les pyramides se font de grandes révérences et les chiens se cachent dans les rébus — les majestés n'aiment pas qu'on les voie pleurer. Et le paratonnerre? Où est monseigneur le paratonnerre?

Il était bon. Il était doux. Il n'a jamais fouetté le vent, ni écrasé la boue sans nécessité. Il ne s'est jamais enfermé dans une inondation. Il va mourir. Ce n'est donc rien du tout d'être petit?

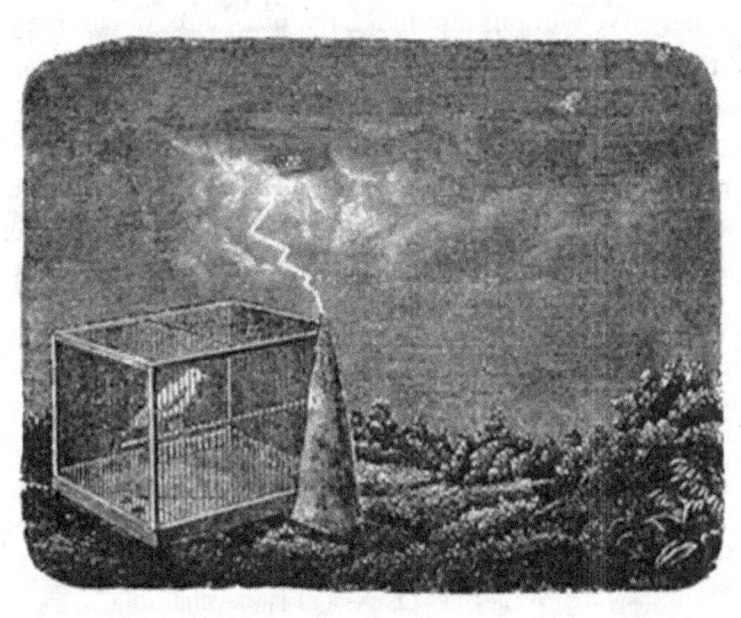

OFFICIAL AWAKENING OF THE CANARY

The applications for the study of canaries are beyond measure. The sound of footsteps does not drown out their singing; finger-clicking has not prevented their prayers from ringing out in the past. If burglars break in, those dreadful musicians put on a disinterested expression as though locked in a cage full of smoke. If it's a question of recognizing a benefactor's voice, their empty stomachs mean they pay as much attention to the cannons of Mount Tabor as to the victory of Aboukir.

They don't lean out. At night, when it thunders, a light is placed near their cage. In the countryside, the wheat, obedient to the law of gravity, counts its grains, the trees become accustomed to their leaves, the wind, with a hole in its throat, turns and falls.

Certainty, canaries are the masters in their own homes.

REVEIL OFFICIEL DU SERIN

L'application des serins à l'étude n'a pas de mesures. Un bruit de pas n'étouffe pas leur chant, un claquement de doigts n'empêche pas leurs prières de retentir dans le passé. Si des voleurs se présentent, les terribles musiciens montrent un sourire aimable enfermé dans une cage pleine de fumée. S'il s'agit de reconnaître la voix d'un bienfaiteur, leur ventre affamé n'a pas plus d'oreilles pour les canons du mont Thabor que pour la victoire d'Aboukir.

Ils ne se penchent pas au dehors. La nuit, le tonnerre est allumé et placé auprès de leur cage. Dans la campagne, le blé, docile à la loi de la pesanteur, compte ses graines, les arbres prennent l'habitude de leurs feuilles, le vent à la gorge trouée tourne et tombe.

Certes, les serins sont maîtres chez eux.

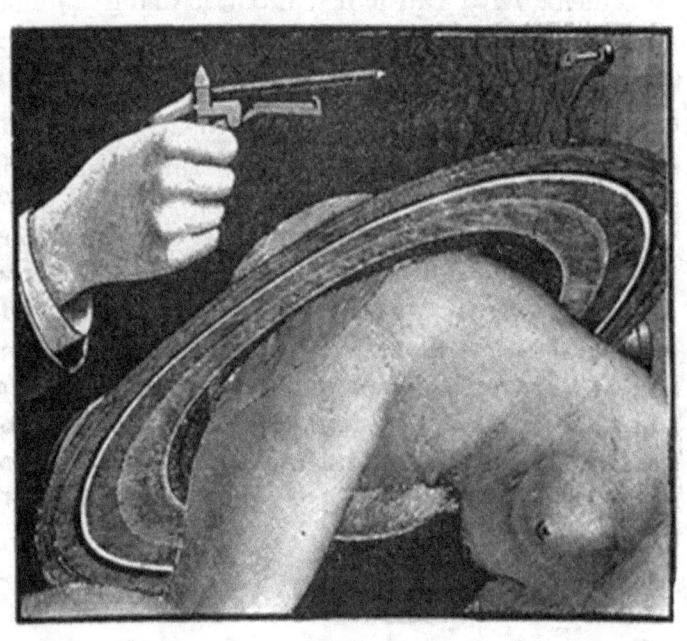

MY LITTLE MONT BLANC

The little black person is cold. Three lights are barely still moving. The planets imperceptibly float forwards, despite their complete orbits. The wind stopped three hours ago, gravitation ceased to exist three hours ago. Inside the peat-bogs, the black grass is threatened by the sorcerer and stays under the earth with the bald men and the softness of their flesh which the day begins to embroider with bitter clouds.

MON PETIT MONT BLANC

La petite personne noire a froid. A peine si trois lumières bougent encore, à peine si les planètes, malgré leur voilure complète, avancent en flottant: depuis trois heures il n'y a plus de vent, depuis trois heures la gravitation a cessé d'exister. Dans les tourbières, les herbes noires sont menacées par le prestidigitateur et restent en terre avec les chauves et la douceur de leur chair que le jour commence à broder de nuages amers.

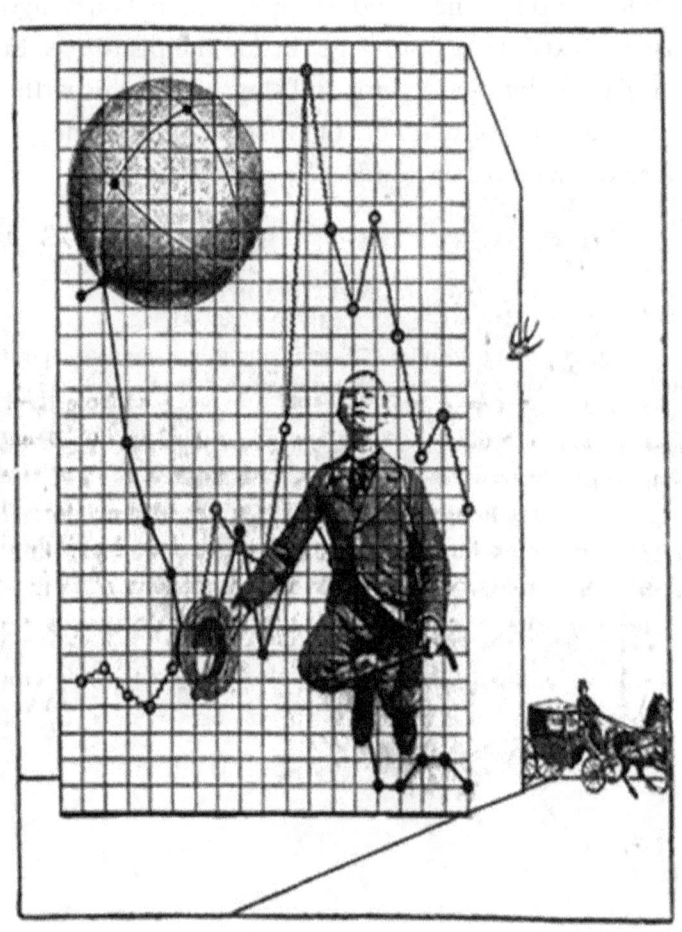

THE DOOMED BLIND MAN TURNS HIS
BACK ON PASSERS-BY

A fly on his hand. The sun, in order to prevent it from flying away, sticks needles all around it. The sun attracts swallows suffering from those horrible skin complaints that disfigure stormy days. They come out of the water to go for a walk in the fields. The river is not cluttered and they have had time to arrive. But they must go and look for all the forgotten crosses.

His feet exhale the perfume of lizards. He will consequently find himself in an advantageous marriage, a marriage of good intentions.

L'AVEUGLE PREDESTINE TOURNE
LE DOS AUXPASSANTS

Une mouche sur sa main. Le soleil, pour l'empêcher des 'envoler, plante des aiguilles autour d'elle. Le soleil attire les hirondelles atteintes de ces affreuses maladies de peau qui défigurent les jours d'orage. Elles sortent de l'eau pour se promener dans les champs. La rivière n'est pas encombrée et elles avaient le temps d'arriver. Mais il faut qu'elles aillent chercher toutes les croix oubliées.

Ses pieds exhalent le parfum des lézards. Il fera par conséquent un mariage avantageux, un mariage de bonnes intentions.

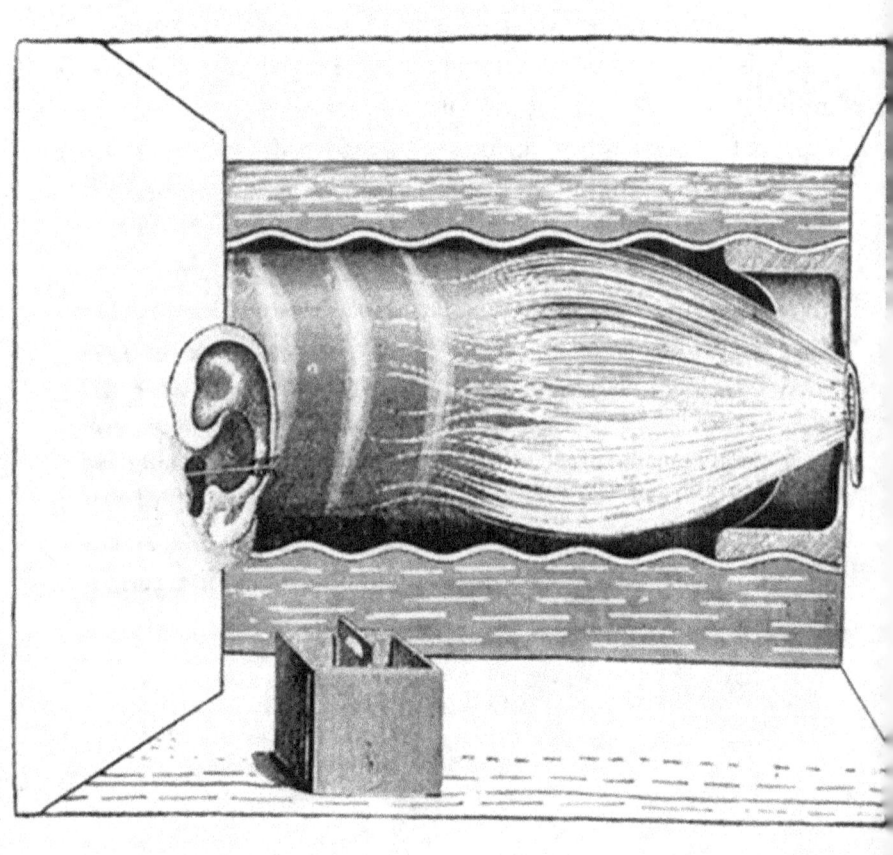

WINDOW CLEANING DOES NOT NECESSARILY BRING PROPRIETY IN LOVE

A middle-aged priest locked up his young and beautiful wife, who had great common sense, in a quiet place, to stop her from instigating those endless conversations that slowed down their familiar coitus. Hidden amongst the lilacs, the father of the heroine enjoys the curves and the childish pleasures of the young unrepentant maid.

In the distance one can hear someone singing the praise of the prisoner. She is covered in tiles and she keeps with her some oddly perfect souvenirs.

LE NETTOYAGE DES CARREAUX N'ENTRAINEPAS FORCEMENT LA PROPRETE EN AMOUR

Un prêtre de taille moyenne a enfermé sa jeune et jolie femme au solide bon sens dans un lieu discret pour se soustraire aux discussions interminables qui ralentissaient leur coït familier. Caché dans les lilas, le père de l'héroïne arrondit les joies enfantines de la petite bonne impénitente.

On entend chanter au loin la louange de la prisonnière couverte en tuiles qui garde devant elle des souvenirs curieusement perfectionnés.

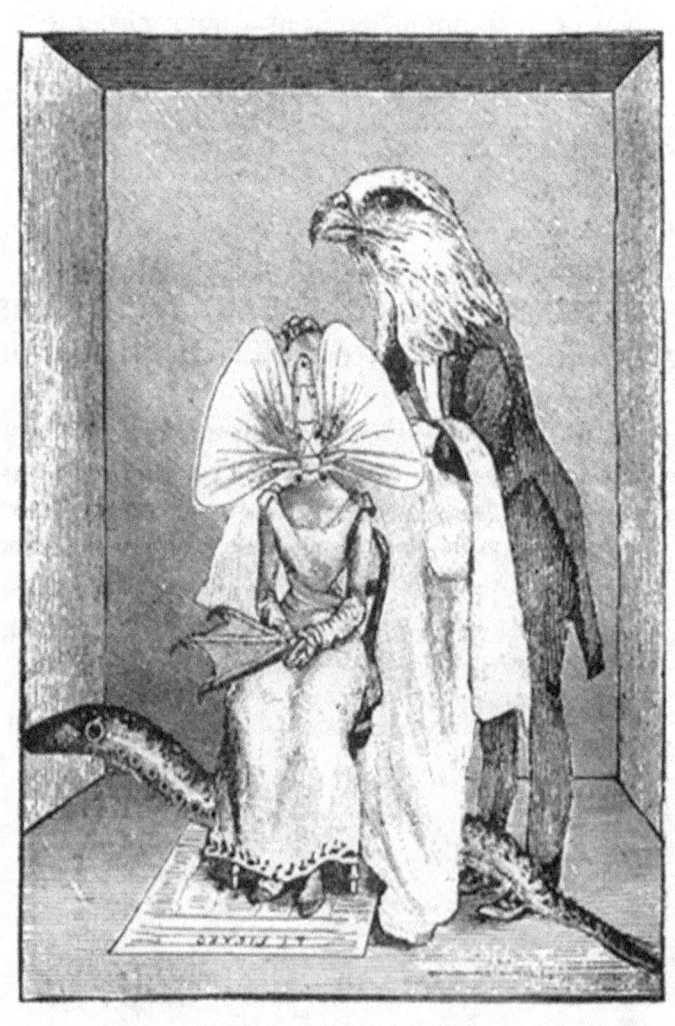

THE MEETING OF TWO SMILES

In the domain of hairdressers, happy couples don't waste their time getting married. Beyond the flirtations at pedestal tables, duck's feet take a short cut and call out to the ladies in white. Inside the violin's case you will find the cries of crickets. Inside the sleeve of the one-armed penguin, you will find the potion that could kill you. You will be surprised to find your splendid mirror in an eagle's talons. Look at those little canonized snakes, which, on the day before their first ball, spit venom from their breasts. Wealth has so disturbed their ambitions that they pose eternal riddles to antiquarians who pass by. Listen to the sighs of those women with their butterfly hairstyles.

RENCONTRE DE DEUX SOURIRES

Dans le royaume des coiffeurs, les heureux ne perdent pas tout leur temps à être mariés. Au delà de la coquetterie des guéridons, les pattes des canards abrègent les cris d'appel des dames blanches. Dans la manche du violon, vous trouverez les cris des grillons. Dans la manche du manchot, vous trouverez le philtre pour se faire tuer. Vous serez étonnés de retrouver la splendeur de vos miroirs dans les ongles des aigles. Regardez ces petits serpents canonisés qui, à la veille de leur premier bal, lancent du sperme avec leurs seins. La richesse a tellement troublé leurs ambitions qu'ils posent des énigmes éternelles aux antiquaires qui passent. Ecoutez les soupirs de ces femmes coiffées en papillon.

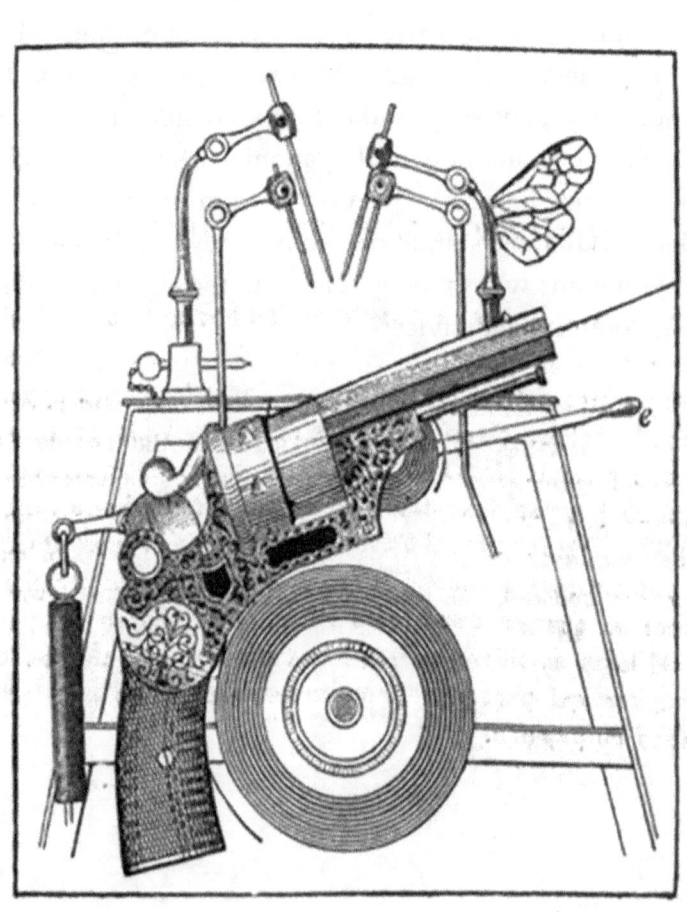

THE HARMONIOUS BUNDLE OF STICKS

The heat that draws mosquitoes to sports does not affect the farmers from the Alps and the Caucasus. The thread from a large multi-coloured spool slowed down the ball game and obscured the goal. Fortunately, because of the brightness of the shining weapons, the duellists were forced to look down. The contempt from the spectators made them intoxicated with modesty. But one cannot stay drunk all one's life.

LE FAGOT HARMONIEUX

L'étincelle qui amène les moustiques aux sports ne décore plus la boutonnière des agriculteurs des Alpes et du Caucase. Les fils d'une grande bobine multicolore ralentissaient le jeu des balles et cachaient le but. Par bonheur, car l'éclat des armes faisait baisser les yeux aux duellistes. Le mépris du public les enivrait de modestie. Mais on ne peut pas être ivre toute sa vie.

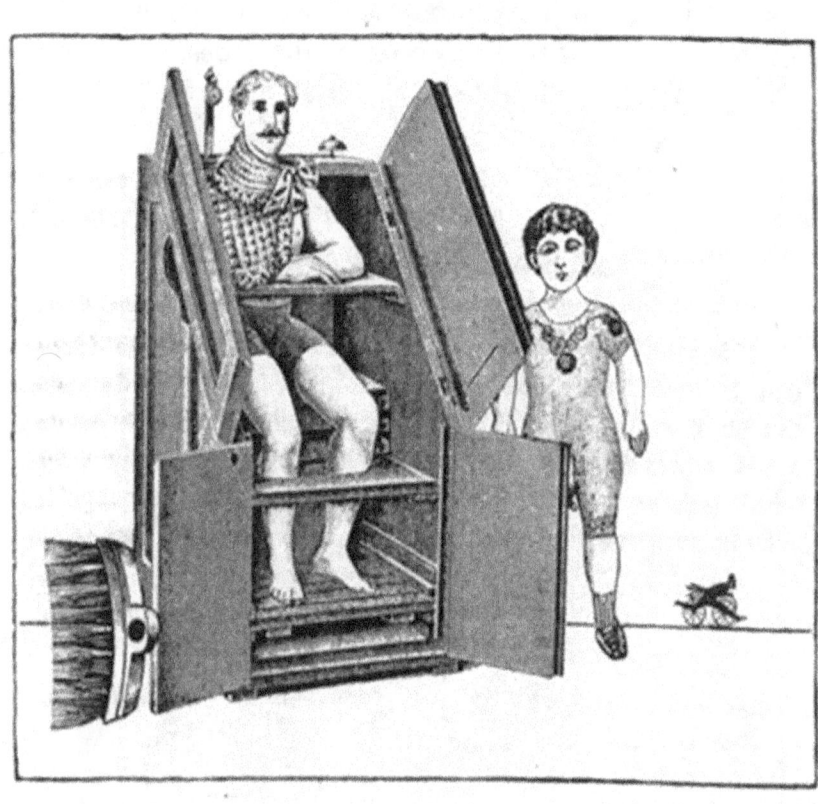

BOTH OF THEM

In the freezing paper-like cold, the schoolboys from the void blush through the windows. A long curtain on the facade undulates with tiny monsters.

The cabinet maker is depicted on his knees. Locked in his prototype till summer, he softly pushes away his sleeping son, who has golden flecks in his eyes. If the foul army of dead skittles is forced onto his shoulders, the fish are going to hang their wet beards on the ceilings of the sea.

The slowness of his movements gives him all kind of illusions. Deprived of his clothes that are made of blue glass, and of his unbreakable moustache, a half-scruple stops him from sleeping under the snow that has begun to fall.

His love, seen from below from an ideal perspective, he parts from tomorrow.

LES DEUX TOUT

Par un froid de papier, les écoliers du vide rougissent à travers les vitres. Un grand rideau sur la façade se gonfle de petits monstres.

L'ébéniste est représenté jusqu'aux genoux. Enfermé dans son prototype jusqu'en été, il fait tomber tout doucement son fils dormeur aux yeux galonnés d'or. Si l'on impose sur ses épaules la détestable armée des quilles mortes, les poisons s'en vont pour accrocher leurs barbes mouillées au plafond de la mer.

La lenteur de ses gestes lui donne toutes les illusions. Dépouillé de ses habits de verre bleu et de ses moustaches incassables, un demi-scrupule l'empêche de dormir sous la neige qui commence à tomber.

Son amour vu d'en bas avec l'idéal de la perspective, il part demain.

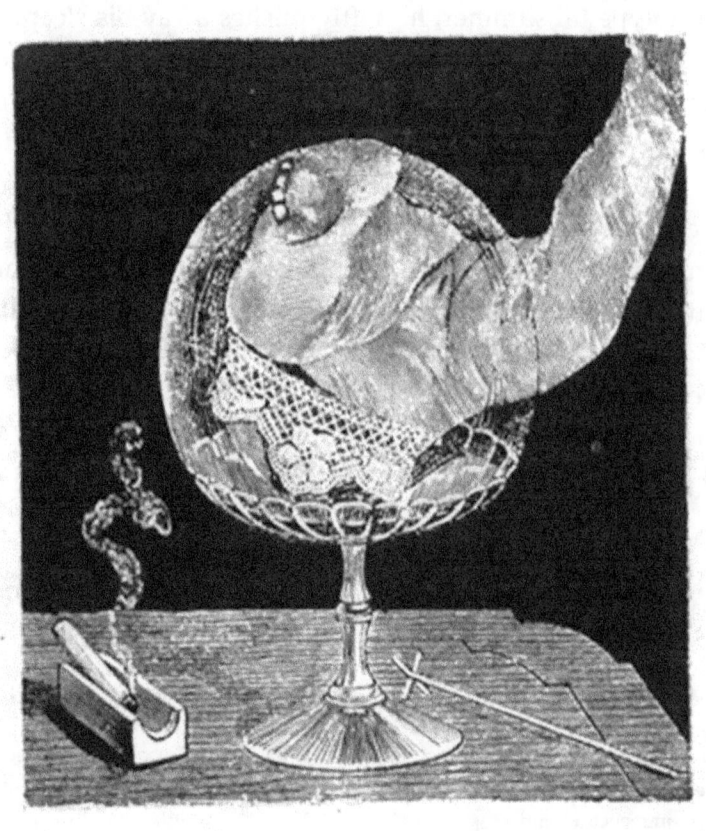

SEARCHING FOR INNOCENCE

In the mountains' transparent atmosphere, one star out of ten is transparent. For the Eskimos fail to bury the light in their abominable glaciers.

In a moment of forgetfulness, the light turns back and stares attentively at the tender kisses of a model mother. The turtle-dove takes the opportunity to push the moon and pain into fragile shrubs.

Silent, the dear angel endures the caution of toothless sentences. It melts very slowly, at first dawn.

A LA RECHERCHE DE L'INNOCENCE

Dans l'atmosphère transparente des montagnes une étoile sur dix est transparente. Car les Esquimaux ne réussissent pas à enterrer la lumière dans leurs glaciers abominables.

Un moment d'oubli, la lumière se retourne et fixe avec soin les tendres baisers d'une mère modèle. Les tourterelles en profitent pour enfoncer lalune et la douleur dans les arbustes fragiles.

Silencieux, le cher ange supporte la prudence des phrases édentées. Il fond tout doucement, première aurore.

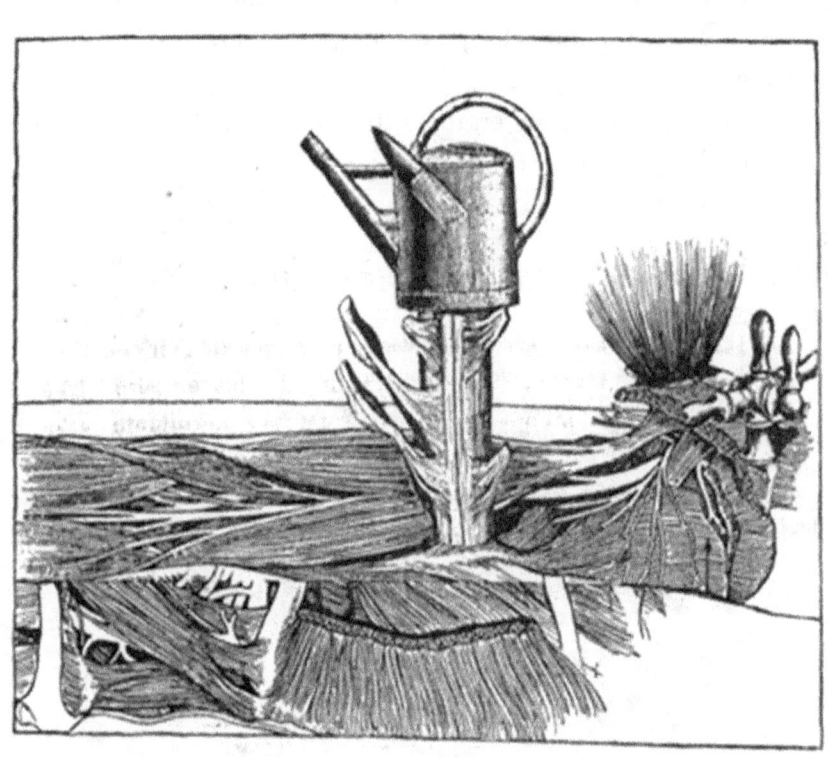

TIME TO SHUT UP

Near the lips seen in the water, the tall, stiff coquette carries the lamp in her eyes, plump as a cherub. She likes to show off her ability to smile to the gleaming surface. She stretches out her fingers with their Amazon skin with the strength in her arms. She stretches the teats of her breasts at the foot of the ruins and falls asleep at twilight, with her nails gnawed by climbing plants.

L'HEURE DE SE TAIRE

Près de la lèvre vue dans l'eau, la coquette défrisée promène la lampe dans ses yeux dodus comme des amours. Elle aime à montrer sa faculté de sourire à surface miroitante. Elle étend ses doigts peau d'amazone à la force des bras. Elle étend la mâture de ses seins au pied des ruines et s'endort au crépuscule de ses ongles rongés par des plantes grimpantes.

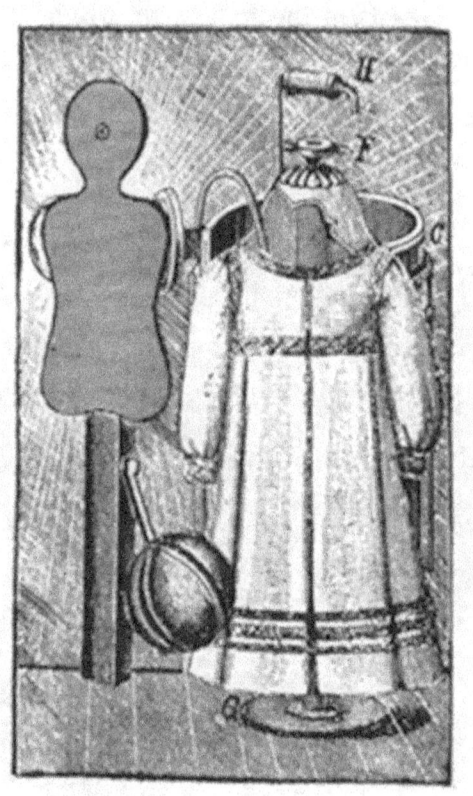

FRIENDLY ADVICE

Pick up freckles and beauty spots under oak trees,

follow the flock of eclipse days in a rowing boat,

contemplate with pebbles in your eyes the immobility of all-powerful mannequins,

divide the cracking of whips while dancing,

go and see women, aged forty, as they leave their heart inside the collection box for the poor, and replace vegetables with classic attitudes.

CONSEILS D'AMI

Ramassez sous les chênes les taches de rousseur et les grains de beauté,

suivez en barque les troupeaux des jours d'éclipse,

contemplez avec des cailloux dans les yeux l'immobilité des mannequins tout puissants,

divisez en dansant le claquement des fouets,

voyez les femmes, à quarante ans, elles laissent leur cœur dans le tronc des pauvres et remplacent les légumes par des attitudes classiques.

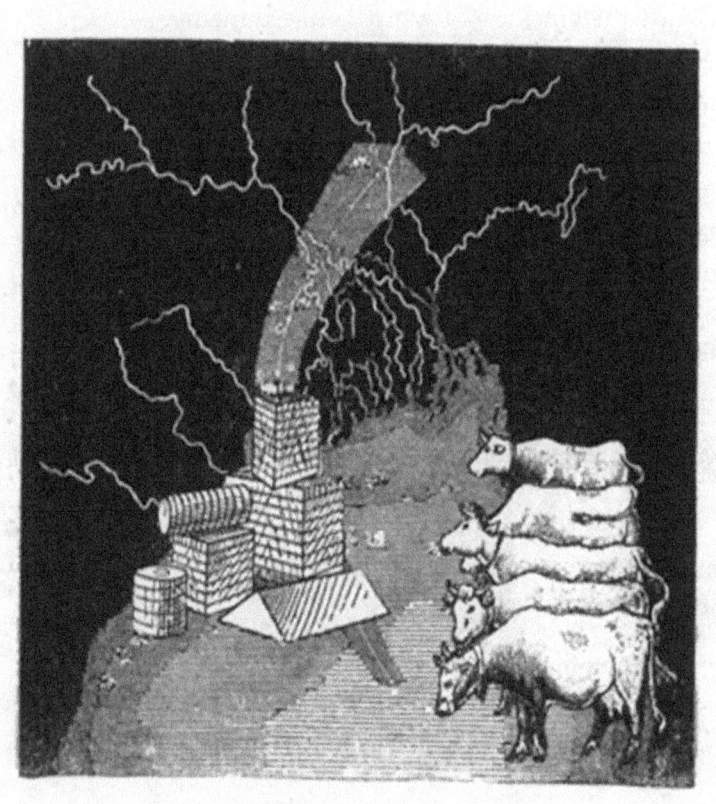

VISIBLE MODESTY

Two old men are resting their hearts, lying in their hammock which is hanging facing the desert and its delights.

Two old men with their hair brushed like little angels, one of them in a white shirt and with its tails flapping, that's the one who is asleep, his head resting on the leg of the other.

The other one is naked and has his feet up in the air, he is red all over, the colour distributed evenly, and he smiles despite his awful position. The nocturnal differences quickly made him close his eyes. He still tickles very softly the strings of the harp that is stretched over the lioness's forehead. The threats from the mother-bird no longer scare him, but his hand won't stretch out to touch the rain.

The fact that these inseparable partners stay in this solitary place has greatly intrigued a turkey; a turkey and three geese came out of a bush, came out of a pond, came out of an autumn's change. Their curiosity is awakened and they circle slowly around the sodomites, whose vaporous testicles undulate.

LA PUDEUR BIEN EN VUE

Deux vieillards se reposent sur leur cœur, dans leur nichée balançoire accrochée au désert et ses délices.

Deux vieillards coiffés comme des petits anges, l'un enchemise blanche et battant des ailes, c'est celui-là qui dort, sa tête appuyée sur la jambe de l'autre.

L'autre, nu et les pieds en l'air, tout rouge, distributeur de couleurs, sourit malgré son affreuse position. Les différences nocturnes lui ont vite fait fermer les yeux. Il chatouille encore tout doucement les étamines de la harpe tendue sur le front de la lionne. Les menaces de l'oiseau-mère ne lui font plus peur mais sa main n'irait pas loin toucher la pluie.

Le séjour des inséparables associés dans ce lieu solitaire a vivement intrigué un dindon, une dinde et trois oies sorties d'un buisson, sorties d'un étang, sorties d'une boucle de l'automne. Leur curiosité s'éveille et elles tournent lentement autour des sodomistes dont les testicules vaporeux ondulent.

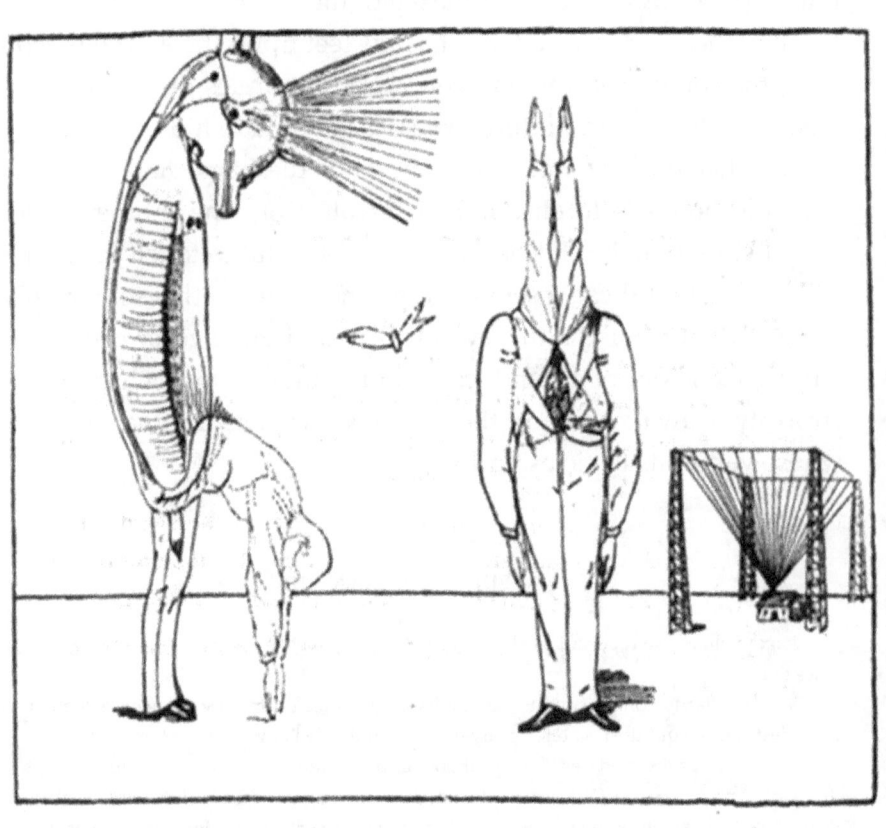

ARRIVAL OF THE TRAVELLERS

They ran at the first sign. Their enthusiasm planted small, varnished flags on the flagstones of the summits. Alone, an indifferent...

As if by magic, the stronger had become powerless. Mechanically, he would wind up the ribbons from his fingers to the branches of the towers in distress. He swore he was calm. He enjoyed the shouting of children, his hunger, his thirst and his money. During springtime, he would cultivate his garden, armed with a vase...

In the asylum, the old men were kissed by their companions in captivity, the lecherous brothers weeping. The house filled up with sand, the windows broke and the shutters had to be closed.

One still wonders who advised them not to take care of the rest.

ARRIVEE DES VOYAGEURS

Ils accoururent au premier signe. Leur enthousiasme semait de petits drapeaux vernis sur les dalles des sommets. Seul, un indifférent...

Par miracle, le plus fort était devenu impuissant. Il enroulait machinalement les rubans de ses doigts aux branches des tours en détresse, jurait d'être tranquille, appréciait les cris des enfants, sa faim, sa soif et son argent. Au printemps, il cultivait son jardin, la main armée d'un vase...

Dans l'asile, les vieillards embrassaient en pleurant leurs compagnons de captivité, les frères lubriques. La maison pleine de sable, les vitres cassèrent et il fallut fermer les volets.

On se demande encore qui leur conseilla de ne plus s'occuper du reste

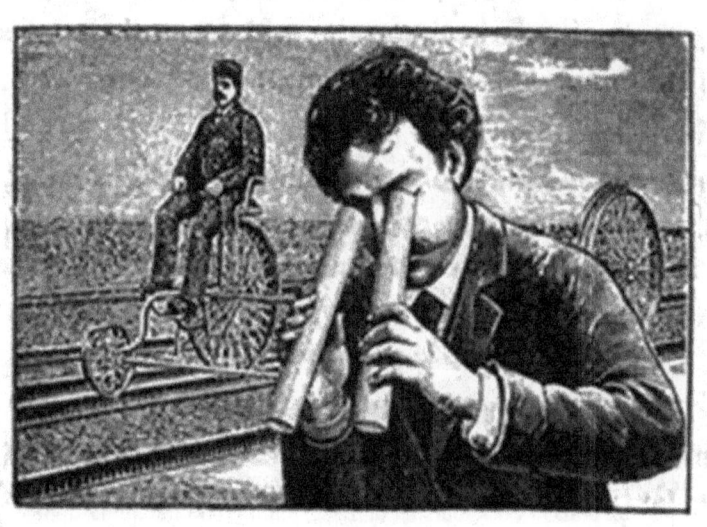

FORGOTTEN PLEASURES

At the end of the pier, having left the sea, left prison, returned from India with the assurance of a great indomitable machine, Robert's curiosity has led him to use a pin to mark out his route. Sticky buds shoot up and pierce his eyelids. The pain returns with the heat and despite the pain, one can admire the intrepid soul, the surprising courage of this unfortunate man; one can admire a certain little melancholy dance, out of place in such a case: the desire to sleep, which smoothes his hair.

PLAISIRS OUBLIES

Au bout de la jetée, parti de la mer, sorti de prison, revenu des Indes avec l'assurance des grandes machines indomptables, Robert a fait à sa curiosité un passage à coups d'épingle. Des bourgeons poisseux se dressent et lui saisissent les paupières. La douleur retourne à la chaleur et malgré la douleur, vous pouvez admirer l'âme intrépide, le courage surprenant de ce malheureux, vous pouvez admirer une certaine petite danse mélancolique, déplacée en pareil cas: l'envie de dormir, qui lui lisse les cheveux.

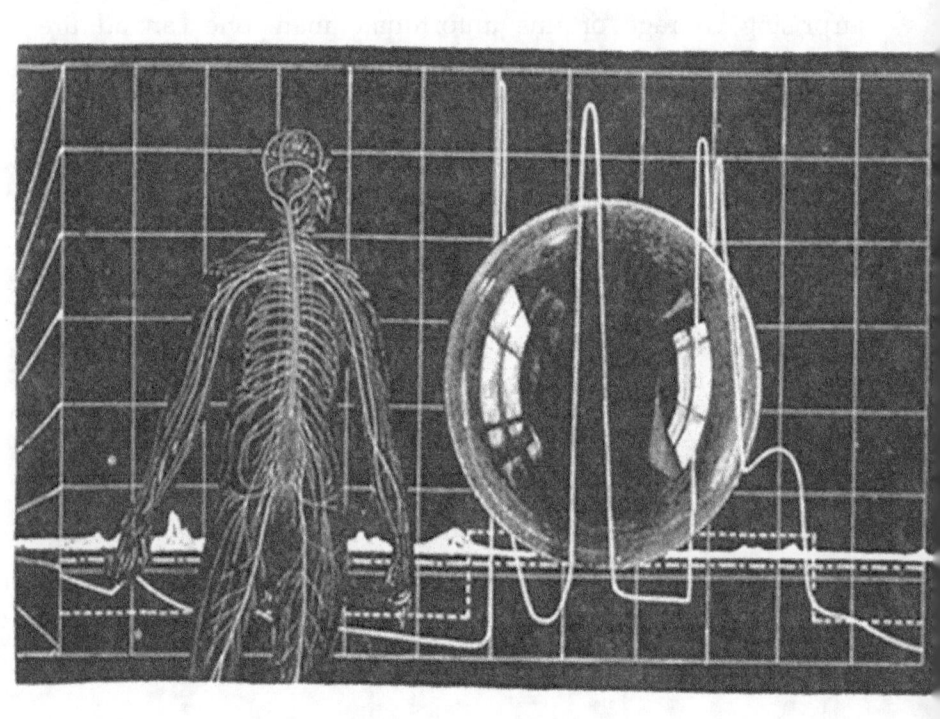

BETWEEN THE TWO POLES OF POLITENESS

This acrobat, soaked to the skin, brings you fragile words in his tumour. This acrobat, be careful, embodies the word: fragile. The sweet tuning fork of childhood has gone. The soft nudity of branches diffuses a scent of holiness at the foot of the mountain. It has taken refuge inside the ball that shows temperature fluctuations, inside the soap bubbles that drunkards hold in their hands to protect themselves from glow-worms, to weed peas, to avoid bulls' charges.

This scent of holiness remains unknown to Saints Peter and Paul, who came back to see how the world is doing. Alas! The taste for commerce has now reached the flat headlands and no one remembers anymore the seeds of the flying hats in the middle of winter.

ENTRE LES DEUX POLES DE LA POLITESSE

Cet acrobate, trempé jusqu'aux os, vous apporte dans son goitre les mots fragiles, cet acrobate, prenez garde, porte le mot: fragile. Le doux diapason de l'enfance est disparu. La douce nudité des branches répand une odeur de sainteté devant la montagne. Elle s'est réfugiée dans la boule qui annonce les courbes de la fièvre, dans les bulles de savon que les ivrognes tiennent dans leurs mains pour se défendre des vers luisants, pour sarcler les petits pois, pour éviter les courses de taureaux.

Cette odeur de sainteté garde l'incognito des saints Pierre et Paul qui sont revenus pour voir comment va le monde. Hélas! le goût du commerce a gagné jusqu'aux promontoires dégonflés et personne ne se souvient plus des semences de chapeaux volants en plein hiver.

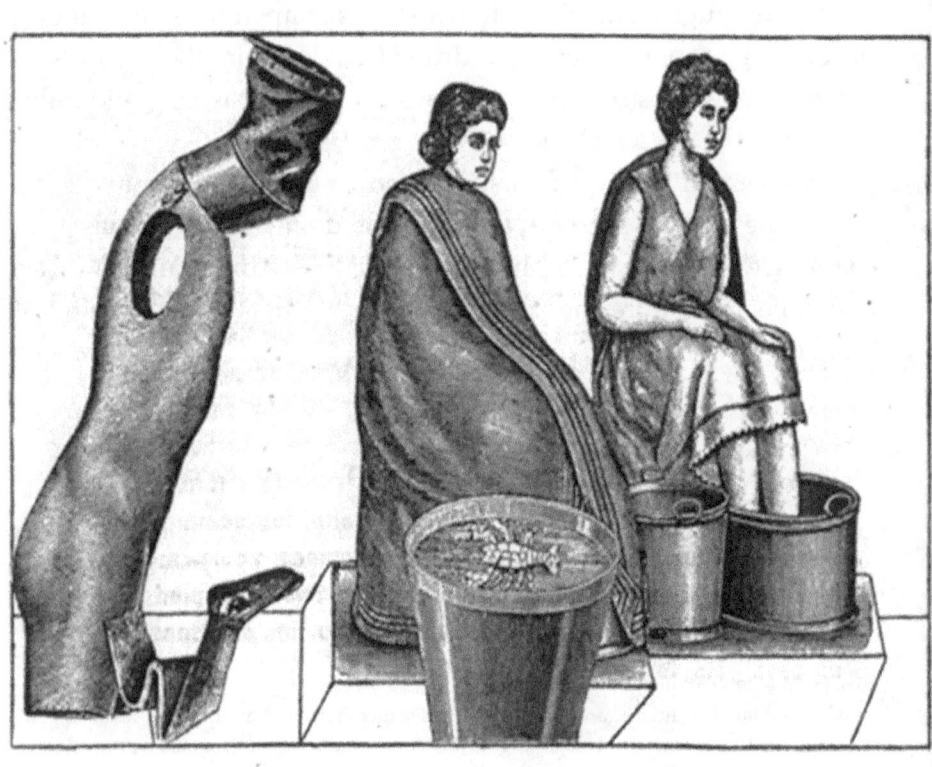

STARK NAKED IN THE STREET

In our time, there are some hearts and everything is convertible into a spinning top race. Even the white flow of long baptismal clothes with which we adorn our peacocks becomes electric. Our children are born naked and browned by the sun, then our children wear black gloves and hats. Our lovers reveal all their problems. It's a sign of luck when they swallow their saliva and follow their leader to the sea, waiting for the flood. We despise the smugness and the purity of their customs. The Negresses are lightly painted blue, we pick the leaves off their palms, we separate them by age. Our dogs kick them but nobody can prevent the grass from growing under our arms. In truth: there are always some hearts.

TOUT NU DANS LA RUE

Dans notre époque de voici des cœurs tout est transformable en toupidrome. Même les flots blancs des longs habits baptismaux dont nous parons nos paons deviennent électriques. Nos enfants en naissant sont nus et brunis par le soleil, nos enfants sont gantés de noir et coiffés de cornettes. Nos amoureux révèlent toutes les difficultés. Signe heureux, ils avalent leur salive et s'installent avec leur chef au bord de lamer en attendant le déluge. Nous méprisons leur fatuité et la pureté de leurs mœurs. Les négresses sont légèrement pommadées de bleu, nous effeuillons leurs paumes, nous séparons notre âge. Nos chiens leur flanquent des coups de pied mais personne ne peut empêcher que les graminées poussent sous nos bras. En vérité: voici des cœurs.

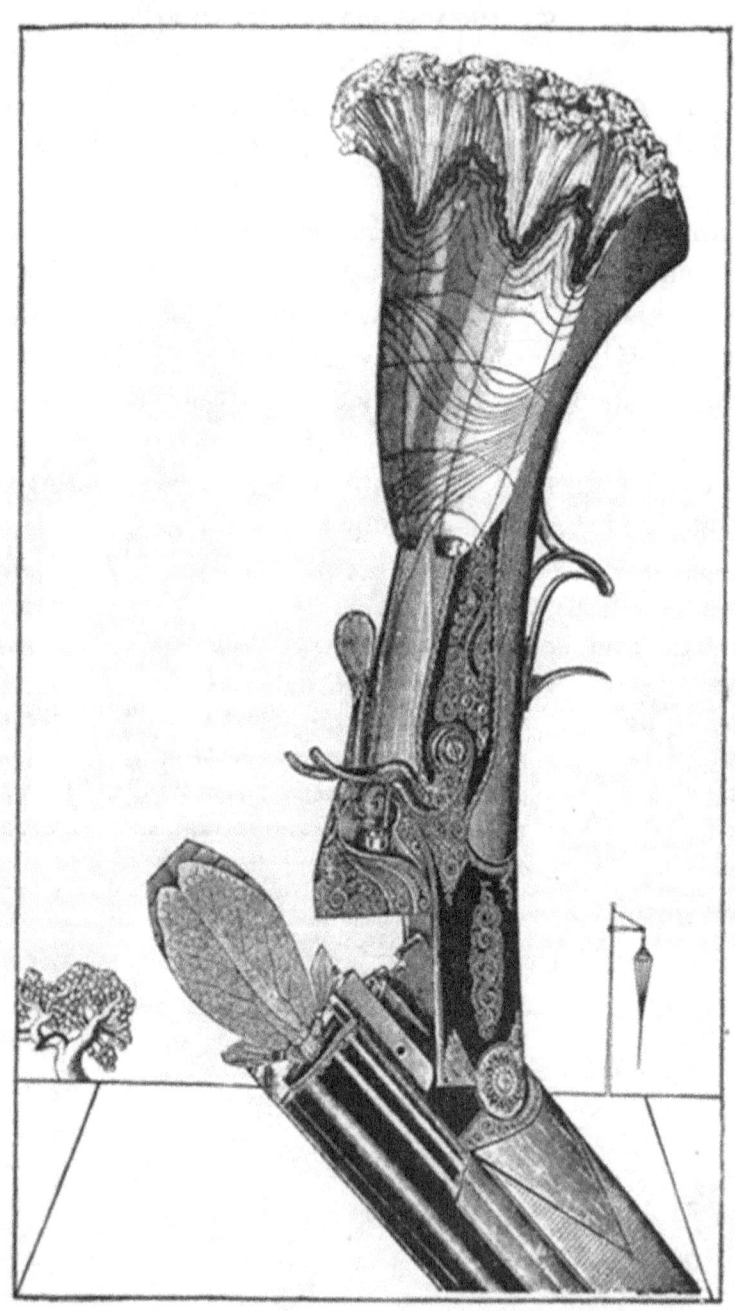

PLEASURE AND UTLITY

No one knows the dramatic origin of teeth. One day, the equator dispelled the fear of heat. Far from plundering our crops, it turns hard, physical exertion into honey. The clamour of his hometown's bells frightens him, causes him sorrow, and makes his first child jump out of his mouth that is built like an amphitheatre. What would become of it, without the horizon of balloons and dazed beasts? A nameless sky, held up with one hand, has made itself known and it shows us the old she-wolf who, after having loved and fought against it all her life, now wants to live with it on good terms. When she dies, I will only be six years old.

LES AGREMENTS ET L'UTILITE

Personne ne connaît l'origine dramatique des dents. Un jour, l'équateur a dissipé la peur des chaleurs. Loin de piller nos récoltes, elle change en miel l'éducation dure et physique. Le tapage de ses cloches natales effarouche ses douleurs et fait sauter son premier enfant de sa bouche construite en amphithéâtre. Que deviendrait-elle, sans l'horizon des ballons et des bêtes étourdies? Un ciel sans nom, manié avec la main, l'a fait connaître et elle nous montre le vieux loup qui, après l'avoir toute sa vie aimée et combattue, veut vivre avec elle en bonne intelligence. Quand elle mourra, je n'aurai que six ans.

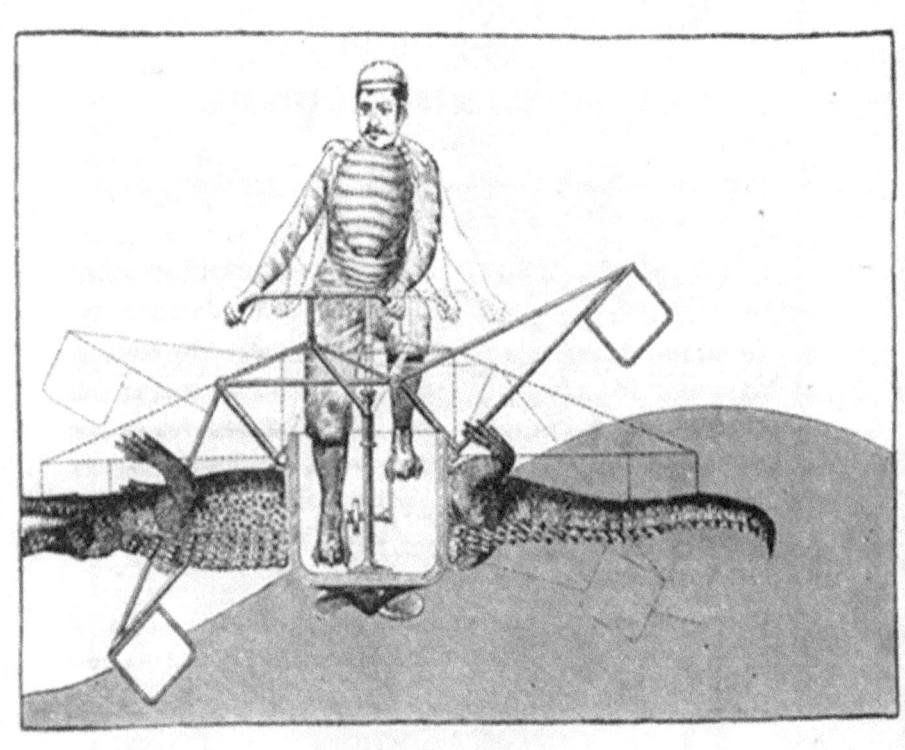

BROKEN FANS

Crocodiles nowadays are not crocodiles anymore. Where are the good old adventurers who would attach tiny bicycles and pretty icicles to your nose? Following the route with their fingers, the runners at the four cardinal points were soon complimenting each other. What a pleasure it was then to lean with gracious casualness against the rails over those pleasant rivers sprinkled with pigeons and pepper!

There are no more real birds. Ropes dangled in the evening on the way back won't make anyone stumble. But, after every fake obstacle, smiles are directed more and more at the eyes of the tightrope walkers. Dust carries with it the smell of thunder. In the old days, the good old fish wore pretty red shoes on their fins.

There are no more real hydro-cycles, nor microscopy, nor bacteriology. Good heavens, today's crocodiles are not even crocodiles anymore.

DES EVENTAILS BRISES

Les crocodiles d'à présent ne sont plus des crocodiles.

Où sont les bons vieux aventuriers qui vous accrochaient dans les narines de minuscules bicyclettes et de jolies pendeloques de glace? Suivant la vitesse du doigt, les coureurs aux quatre points cardinaux se faisaient des compliments. Quel plaisir

c'était alors de s'appuyer avec une gracieuse désinvolture sur ces agréables fleuves saupoudrés de pigeons et de poivre!

Il n'y a plus de vrais oiseaux. Les cordes tendues le soirdans les chemins du retour ne faisaient trébucher personne, mais, à chaque faux obstacle, des sourires cernaient un peu plus les yeux des équilibrâtes. La poussière avait l'odeur de la foudre. Autrefois, les bons vieux poissons portaient aux nageoires de beaux souliers rouges.

Il n'y a plus de vraies hydrocyclettes, ni microscopie, ni bactériologie. Ma parole, les crocodiles d'à présent ne sont plus des crocodiles.

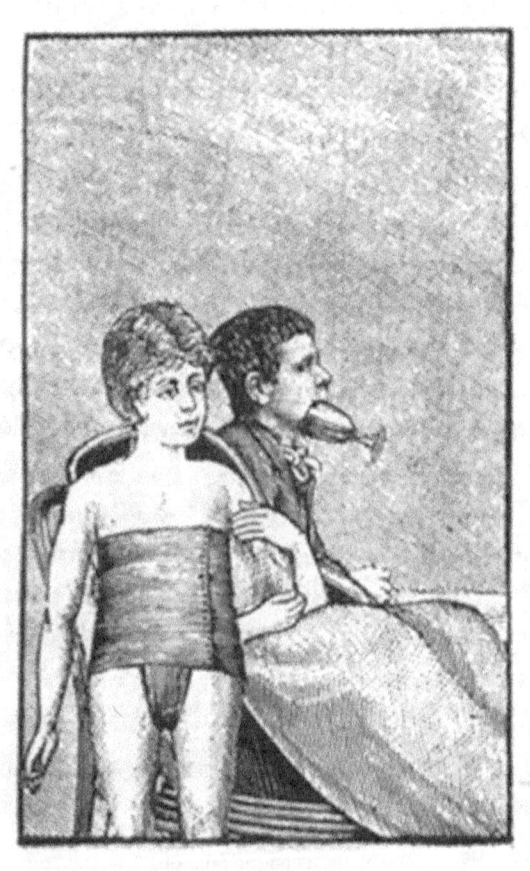

PEACE IN THE COUNTRYSIDE

In the evening, when chance lets go of the girls' hands when fire devours all the vines of the Old Country and the stones from the cities fill the cellars, dancers made of wax and metal appear despite the indifference of the cripples who patiently seek relief from the human body. Their companions, happier than ever, listen to their endless, monotonous songs, and their children with their neatly-brushed hair play in the debris of the last readings.

LA PAIX A LA CAMPAGNE

Le soir, quand le hasard lâché creuse les mains des filles quand le feu rassemble toutes les lianes de l'Ancien Continent et que les pierres des villes comblent les caves, des danseuses de cire et de métal apparaissent à travers l'indifférence des infirmes qui liment avec patience le relief du corps humain. Leurs compagnes écoutent, heureuses comme tout, leur chant perpétuel, monotone et leurs enfants à la chevelure intacte jouent avec les débris des dernières lectures.

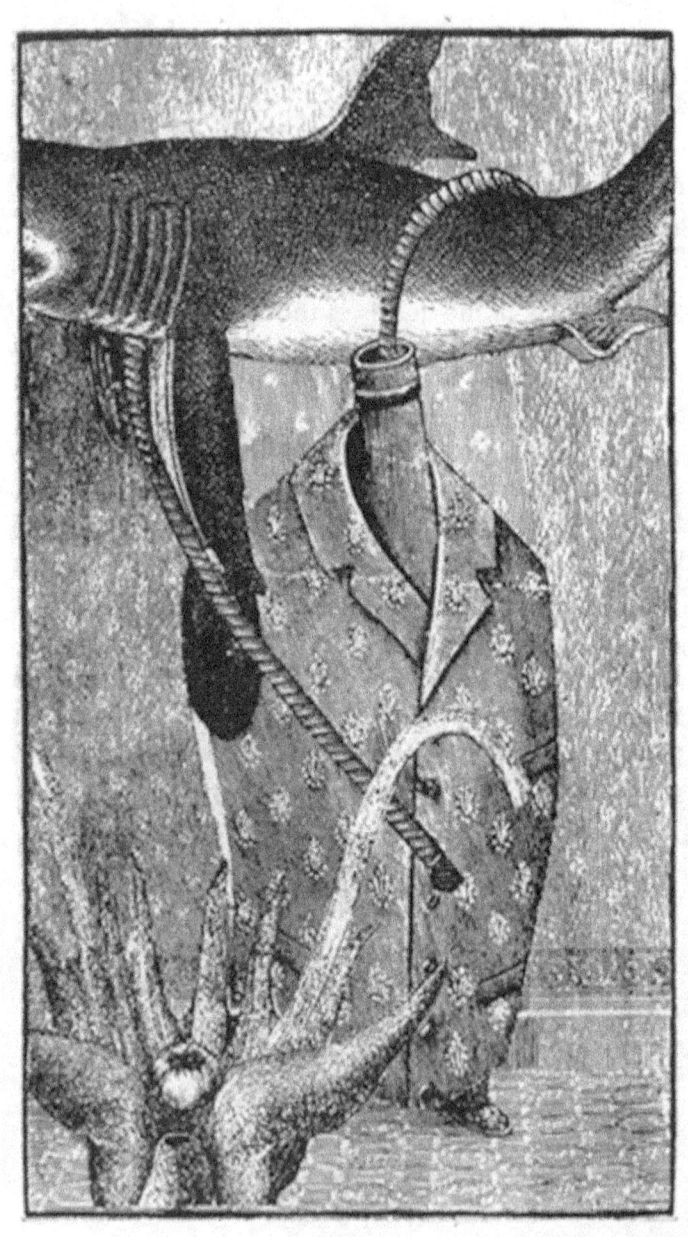

THE FUGITIVE

He preferred to drown rather than sign. They have all abandoned it - their comfort, their past, their happiness, their hope. The rope that he carries with him doesn't fit on the traditional trailers. Her chest will be a pillow for him; the extreme softness of her abandonment will wake him up. The peace and quiet he gathers is stripped of a thousand shreds of burned muslin and floating leaves from a greedy plant. The salutations from the ships make its natural ornaments bloom in future combinations.

Always points of view and the minimum means.

LE FUGITIF

Il a mieux aimé se noyer que de signer. Ils l'ont tous abandonné — leur confort, leur passé, leur bonheur, l'espoir. La corde qu'il emporte ne tient pas aux habituelles remorques. Sa poitrine lui servira d'oreiller, l'extrême douceur de son abandon l'éveillera. Le calme qu'il amasse se dépouille de mille brins de mousseline brûlée et des feuilles flottantes d'une plante gourmande. Les saluts des navires font éclore ses ornements naturels pour de futures combinaisons.

Toujours des points de vue et le minimum de moyens.

Regarding the images;

The images were digitally enhanced from scans of the original 1922 French edition of the book, published by Librairie Six in Paris in 1922.

All effort was made to improve the clarity of the images without compromising the original. We believe a satisfactory balance was struck.

D M Mitchell

(editor)

Incunabula

www.ingramcontent.com/pod-product-compliance
Lightning Source LLC
Chambersburg PA
CBHW071729170526
45165CB00005B/2212